ZASADA PETERA

Powiedz NIE niekompetencji w pracy

50MINUTES.com

ZASADA PETERA

Powiedz NIE niekompetencji w pracy

napisany przez Gabriel Verboomen
przetłumaczony przez Kâmil Kowalski

ZASADA PETERA

KLUCZOWE INFORMACJE

* **Nazwa:** zasada Petera.

* **Zastosowanie:** zarządzanie zasobami ludzkimi i wynikami pracy, rozwój potencjału ludzkiego.

* **Dlaczego składa się to na sukces?** Jej sukces jest niepewny, ponieważ zależy od jednostek i organizacji.

* **Słowa kluczowe:**

  * <u>Kompetencje</u>: wiedza i know-how wymagane dla maksymalnej efektywności na danym stanowisku

  * <u>Efektywność</u>: synonim doskonałości, zdolność pracownika do wykonywania określonych zadań przy ograniczonych zasobach (czas, pieniądze itp.).

  * <u>Hierarchia</u>: struktura władzy w organizacji.

  * <u>Awans</u>: mianowanie pracownika na wyższy szczebel w organizacji.

Przy rozpatrywaniu Zasady Petera szczególnie ważne jest uświadomienie sobie, że model ten, choć pouczający w wielu danych sytuacjach, wywodzi się z publikacji o charakterze satyrycznym i dlatego musi być stosowany z ostrożnością przy ustalaniu faktów naukowych. W kontekście coraz silniejszych hierarchii w organizacjach pojawia się pytanie o awans wewnętrzny. Czy kompetencje pracownika powinny być dominującym kryterium decydującym o awansie hierarchicznym? Jak można zmierzyć poziom tych kompetencji? Czy wydajny pracownik musi być dobrym organizatorem?

 ## DEFINICJA MODELU

Zasada Petera określa, że jeśli pracownik pracuje wydajnie na danym szczeblu hierarchii, to zostanie awansowany na kolejny szczebel wyżej i tak dalej, aż osiągnie poziom, na którym jest nieefektywny. Jeśli nie można go zdegradować, oznacza to, że wszystkie struktury naturalnie ewoluują w kierunku równowagi większej nieefektywności.

Choć na pierwszy rzut oka zasada ta może wydawać się absurdalna, to jednak porusza pewne kwestie dotyczące zarządzania zasobami ludzkimi. Kogo należy awansować dla dobra zarówno jednostki, jak i firmy? I na jakich warunkach powinno się to odbywać, aby zwiększyć ogólną efektywność?

TEORIA

 ## Laurence Johnson Peter
(KANADYJSKI PEDAGOG I PSYCHOLOG, 1919-1990)

Po ukończeniu w 1958 roku Western Washington State College, Laurence J. Peter, pochodzący z Vancouver, szybko został nauczycielem, kontynuując jednocześnie studia z zakresu psychologii i nauk o edukacji, w których uzyskał stopień doktora w 1963 roku. Następnie kierował Centrum Evelyn Frieden i pełnił rolę doradcy w programach, które borykały się z problemami na Uniwersytecie Południowej Kalifornii w 1966 roku.

Jego pierwsza książka, *Prescriptive Teaching*, została wydana w 1965 roku, ale dopiero publikacja *The Peter Principle* (1969), napisana we współpracy z Raymondem Hullem (kanadyjski pisarz, 1919-1985), sprawiła, że zyskał sławę.

HIPOTEZY DOTYCZĄCE ZASADY PETERA

Zasada Petera, jak wszystkie modele ekonomiczne, opiera się na hipotezach, które warto zbadać. Jeśli przyjrzymy się tylko najważniejszym, to należą do nich (ale nie tylko):

• Struktura hierarchiczna przedsiębiorstwa przybiera naturalnie postać piramidy. Ten uproszczony widok pokazuje ściśle określone poziomy hierarchii: pracownicy podstawowi są kierowani przez kilku kierowników, którzy sami są zarządzani przez jeszcze mniejszą liczbę kierowników wyższego szczebla i tak dalej.

- Stanowiska pracy są sztywne i obejmują ustalone zadania: pracownik przypisany do danego stanowiska wykonuje określoną liczbę zadań. Jeśli nie wywiąże się on z danego zadania, praca po prostu nie zostanie wykonana. Jeśli mu się powiedzie, nie otrzyma innych zadań. Wówczas należy jednak zwrócić uwagę, że te opisy strukturalne pochodzą z pewnego okresu, a firmy są obecnie znacznie bardziej elastycznymi organizacjami, które pracują na przykład na podstawie projektu lub sieci.

- Najsilniejszą i najbardziej kontrowersyjną hipotezą jest to, co w książce określa się mianem „hipotezy Petera". Poziom kompetencji wymaganych na wyższym stanowisku hierarchicznym jest całkowicie niezależny od kompetencji wymaganych na stanowisku hierarchicznie niższym. Jeśli pracownik najbardziej nadaje się na jakieś stanowisko i zostaje awansowany na wyższy poziom, to jego poziom kompetencji po tym awansie jest całkowicie nieprzewidywalny.

Według Jean-Paula Delahaye (francuski informatyk i matematyk, ur. 1952), jeśli przyjmiemy te uproszczone założenia, to logicznie zakładamy, że wszystkie awanse mają tendencję do obniżania wydajności pracownika z powodu dwóch efektów:

- **Efekt zapadki:** cofanie się jest niemożliwe, ponieważ pracownik nie może być zdegradowany. Jeśli jest konkurencyjny, będzie dalej wspinał się po drabinie i nie pozostanie na stanowisku, na którym jest wydajny. Ruch ten będzie skutecznie kontynuowany, aż osiągnie zbyt wysoki poziom, w którym nie będzie już wydajny. Pracownik utknie wtedy na tym poziomie i nie będzie mógł zostać zdegradowany ani dalej się wspinać.

- **Statystyczny efekt regresji w kierunku średniej (z zasady rozkładu statystycznego):** podczas losowego, „normalnego" zdarzenia prawdopodobieństwo osiągnięcia wyniku bliskiego średniej jest wyższe niż uzyskanie wyniku bardzo wysokiego lub bardzo niskiego. Zatem firma, która ma to szczęście, że może liczyć na pracownika o kompetencjach znacznie powyżej średniej i decyduje się na zmianę jego stanowiska, po raz kolejny określa kompetencje pracownika z dużą szansą na osiągnięcie przeciętnego wyniku.

Za hipotezami Zasady Petera kryje się niewygodna prawda: z czasem każde stanowisko jest z coraz większym prawdopodobieństwem zajmowane przez niekompetentnego pracownika, natomiast im wyżej w hierarchii znajduje się dana pozycja, tym większe ma znaczenie dla ogólnej wydajności struktury. Nie oznacza to, że podstawa piramidy jest mniej istotna dla prawidłowego funkcjonowania przedsiębiorstwa niż góra, w rzeczywistości jest odwrotnie. Mówiąc prościej, jeśli przyjmiemy strukturę piramidy i położymy równy nacisk na każdy poziom, stanowisko ma większe znaczenie dla ogólnej wydajności, gdy w obrębie tego poziomu jest mniej stanowisk. Na przykład, jeśli na pięciu pracowników przypada dwóch menedżerów, indywidualne kompetencje menedżera stanowią 50% wydajności jego poziomu hierarchicznego, podczas gdy indywidualna wydajność każdego pracownika stanowi jedynie 20%.

W hipotezach Zasady Petera, zwłaszcza tej dotyczącej efektu zapadki, wydaje się oczywiste, że „każdy pracownik ma tendencję do wznoszenia się do swojego poziomu niekompetencji", tak więc naturalna równowaga struktury polega na tym, że każde stanowisko jest zajmowane przez kogoś, kto nie jest w stanie udźwignąć odpowiedzialności.

NIEKOMPETENTNI PRACOWNICY

Zasada ta została wyjaśniona przez Laurence'a J. Petera jako część kompletnej nauki o organizacjach, którą nazwał „hierarchiologią".

W ten sposób stara się podać konkretne zastosowania konfrontuje swój model z rzeczywistością obserwowanych przez siebie organizacji. Oczywiście zauważa odstępstwa od tej zasady. Na przykład nie zawsze awansuje się najbardziej kompetentnych. Podkreśla kilka przypadków, w których niekompetentni pracownicy są promowani i wyjaśnia dlaczego.

- **Potężna sublimacja lub pseudorozwój:** strategia ta, polegająca na awansowaniu niekompetentnego pracownika na wyższy szczebel, służy głównie podtrzymaniu nadziei wszystkich innych, którzy wierzą, że pewnego dnia również mogą awansować. Jest to niebezpieczne, ponieważ dla osób, które nie są częścią hierarchii, oznacza to złudne nadzieje.

- **Boczna arabeska:** promuje niekompetentnego pracownika na nowe, bezużyteczne stanowisko z poważniejszym tytułem w celu minimalizacji szkód, jakie może wyrządzić na obecnym stanowisku.

- **Peter reversal:** w tym przypadku awans niekompetentnego pracownika wynika z jego zgodności z normami narzuconymi przez hierarchię, a nie z jego wydajności. Efekt końcowy i środki są odwrócone, ponieważ normy istnieją po to, aby zwiększyć wydajność, a zgodność z normami ma taką samą wartość jak wydajność.

- **Hierarchiczna defoliacja:** aby uniknąć sytuacji, w której pracownicy dostrzegają absurdalność systemu i decydują się na nieprzestrzeganie go, firma sprzyja awansowi niekompetentnego pracownika.

ZNAKI OSTATNIEJ POZYCJI

Według Petera oznaki niekompetencji, czy też oznaki ukrywania niekompetencji przed innymi i samym sobą, są łatwe do wykrycia. Są to tak zwane „oznaki ostatniej pozycji”: dają jednak złudzenie spełnienia zawodowego.

- **Klasofilia:** od greckiego słowa „classis” (oznaczającego „kategorię” lub „klasę”), jest to niepotrzebna obsesja na punkcie klasyfikacji, aby dać (sobie) złudzenie, że wykonują ważną pracę.

- **Tabula gigantyzm:** odnosi się do niekompetentnego pracownika, który chce mieć największe biuro.

- **Papieromania:** od greckiego słowa „Papyros" („papier") i łacińskiego „mania" („szaleństwo" lub „obsesja"), jest to oznaka niekompetentnego pracownika, który piętrzy papierową robotę - stąd pozorny nieład - na swoim biurku, aby sprawić wrażenie, że jest niezwykle zajęty.

- **Papierofobia:** od greckich słów „papyros" („papier") i „phobos" („fobia"), jest oznaką niekompetentnego pracownika, który nie toleruje żadnego papieru w swoim miejscu pracy. Jeśli biuro jest zorganizowane, współpracownicy, przełożeni, a może nawet sam pracownik, uwierzą, że praca jest wykonywana efektywnie.

- **Fonofilia:** od greckich słów „phone" („głos") i „philos" („przyjaciel"), jest to oznaka niekompetencji, która polega na zrzucaniu winy na brak kontaktu ze współpracownikami i podwładnymi oraz instalowaniu w biurze wielu telefonów i magnetofonów. Ponieważ pomysł ten pojawił się po raz pierwszy w 1969 roku, należałoby chyba przeformułować ten „znak" w oparciu o obecne technologie.

- **Rigor Cartis:** pochodzenia łacińskiego, wskazuje na obsesyjne zainteresowanie grafikami, diagramami i wykresami, które dają złudzenie, że sytuacja jest pod całkowitą kontrolą.

- **Siglomania inicjałów:** od łacińskich słów „sigla" (oznaczających „oznaczenia" lub „skróty") i „mania" (oznaczających „szaleństwo" lub „obsesję"), jest to objaw, w którym niekompetentny pracownik będzie mówił używając niezrozumiałych inicjałów i akronimów z niewtajemniczonym personelem, aby sprawić wrażenie profesjonalizmu. Będzie komplikował sprawy, ponieważ czerpie przyjemność z poczucia wagi, jaką mu to daje.

- **Structurophilia:** od łacińskiego słowa „structure" („układ", „konstrukcja") i greckiego „philos" („przyjaciel"), wiąże się to z czerpaniem przyjemności z pracy w określonej strukturze, niekompetentny pracownik, który wykazuje oznaki tego znaku, będzie miał obsesję na punkcie porządku i utrzymania budynku, w którym pracuje, ze szkodą dla czerpania przyjemności z samej pracy.

- **Syndrom trzepania:** niekompetentny pracownik rzadko podejmuje decyzje i pozwala im długo czekać na przetworzenie.

- **Tabula abnormal:** od łacińskiego słowa „tabula" („talerz" lub „stół"), jest to oznaka niekompetencji, w której pracownik używa nietypowych i dziwnych urządzeń biurowych.

Peter kwalifikuje jednak swoje stwierdzenia, wyjaśniając, że na szczęście dla funkcjonowania naszych modeli politycznych, społecznych i ekonomicznych wszystkie stanowiska na szczycie hierarchii niekoniecznie są zajmowane przez niekompetentnych pracowników. W rzeczywistości, w tym wyjaśnieniu zasady, podkreśla on fakt, że hierarchiczna struktura organizacji jest często zbyt mała, aby wszystkie kompetentne osoby - choć nie

jest to zbyt duża wada, gdyż w przeciwnym razie cierpia-
łyby one na hierarchiczną defoliację - mogły osiągnąć
swój potencjał. Niemniej jednak zauważmy, że kompetentni przełożeni są często łowieni przez większe organizacje, gdzie znów mogą awansować, aż i oni osiągną
swój poziom niekompetencji.

OGRANICZENIA I ROZSZERZENIA

OGRANICZENIA I KRYTYKA

Ograniczenia tego modelu są oczywiste, gdy tylko weźmie się pod uwagę hipotezy, na których się opiera.

- W obecnych czasach organizacja często nie jest tak prosta jak struktura piramidalna opisana przez Piotra. W większości przypadków pracownik, który koordynuje pracę innych, nie otrzymał awansu. Istnieje równowaga między poszczególnymi działami, przynajmniej w teorii. Zachęca się do decentralizacji i empowermentu oraz istnieje tendencja do ograniczania prostej hierarchii pionowej. Zjawisko to nazywane jest „spłaszczaniem piramid". Być może jest to właśnie jeden ze współczesnych sposobów na uniknięcie skutków Zasady Petera, które wywodzą się z czasów, gdy hierarchia była bardziej sztywna?

- Stanowisko nie jest już zamrożone. Jeśli na stanowisko zostanie powołany niekompetentny pracownik, który nie przejmie jego obowiązków, to prawdopodobnie wiele funkcji będzie stopniowo powierzanych innemu stanowisku.

- Kwestia motywacji także stanowi problem, ponieważ niektóre umiejętności wykazywane przez pracownika mogą się z niej wywodzić. Rzeczywiście, pracownik może być wydajny na jednym poziomie hierarchii, częściowo dzięki motywacji. Jeśli będzie kontynuował ten entuzjazm, prawdopodobnie łatwiej nabędzie nowe umiejętności wymagane na nowym stanowisku, co uczyni jego pracę bardziej wydajną.

- Obecne realia obrotu są imponujące, gdyż szacuje się, że młoda osoba wchodząca na rynek pracy może zmienić swoją funkcję lub firmę około pięć razy.

- Wreszcie, z pewnością najbardziej wątpliwa hipoteza Petera zakłada, że kompetencje wykazane na jednym stanowisku są z natury niezależne od kompetencj wykazanych na poprzednim stanowisku. Inni badacze, tacy jak włoscy fizycy Alessandro Pluchino, Andrea Rapisarda i socjolog Cesare Garofalo w swoim artykule *The Peter Principle Revisited: A Computational Study*, proponują zrewidowaną perspektywę słynne zasady, podając przeciwną hipotezę. Nazywają ją „hipotezą zdrowego rozsądku": kompetencje na wyższym stanowisku zależą od kompetencji wykazanych na niższym stanowisku i są zwiększane lub zmniejszane o około 10%.

Opracowane przez Petera empiryczne testy niekompetencji również mogą zawierać błędy. W istocie symptomy obejmują tak wiele różnych zachowań, że nie możemy, jak to czynią niektórzy, używać ich jako rzekomego dowodu na zasadę Petera. Jeśli weźmiemy pod uwagę wartość nominalną pewnych hipotez, w końcu będziemy mieli do czynienia z sytuacjami takimi jak ta: osoba, która za bardzo lubi organizację lub jest zbyt autorytatywna, jest niekompetentna, ale osoba, która nie jest wystarczająco zorganizowana lub nie jest autorytatywna, jest również niekompetentna. Jeśli nadmiar jest zawsze czymś złym, to większość domniemanych objawów może być pierwotnie postrzegana jako cechy. Również, czy to powód, dla którego niekompetentny pracownik przyjmuje te postawy - ale do ekstremum - aby spróbować ukryć swoją niekompetencję. Podsumowując, Zasada Petera jest nieweryfikowalna, a satyryczny ton, którego używa w swojej pracy, sugeruje, że nie ma ona realnego charakteru naukowego.

POWIĄZANE MODELE I ROZSZERZENIA

Zasada Petera jest częścią zestawu „praw" tego samego typu, o mniej lub bardziej humorystycznym charakterze, które z pewnym cynizmem opisują świat korporacji i których naukowy rygor nie jest ich największym problemem. Niektóre z nich wskazują jednak na wymagające realia, z którymi większość organizacji musi sobie skutecznie radzić.

Prawo Parkinsona

Wśród nich w szczególności znajduje się Prawo Parkinsona (1955), pochodzące od brytyjskiego historyka Cyrila Northcote Parkinsona (1909-1993), które twierdzi, że praca jest zawsze rozłożona tak, aby wypełnić czas dostępny dla osoby odpowiedzialnej za pracę. Przez rozszerzenie, możemy sobie wyobrazić, że wszystkie dostępne zasoby dla projektu są wykorzystywane, czy to czas, pieniądze, siła robocza, itp. U podstaw tego prawa leżą dwie konsekwencje:

- **Zwiększenie liczby podwładnych.** Jeśli pracowni-kowi nie uda się ukończyć jakiegoś projektu, ma tylko dwie możliwości: może albo rozładować część pracy, oddając ją komuś, kto może stać się potencjalnym rywalem, albo może poprosić o wsparcie podwład-nych. W większości przypadków pracownik wybiera drugą opcję, po pierwsze, aby chronić swoją pozycję, a po drugie, aby zwiększyć swoje znaczenie. Należy zauważyć, że zadba on o to, aby mieć kilku podwład-nych, tak aby podzielić się każdym zadaniem. W ten sposób, ponieważ żaden z nich nie jest w stanie wykonać całego zadania, nikt nie stanie się poten-cjalnym rywalem.

- **Wzrost obciążenia pracą.** Niezależnie od sytuacji, czy pracuje się z równymi sobie, czy z podwładnymi, faktem jest, że gdy pracuje kilka osób, zwiększa się nakład pracy. Często koordynacja zadania zajmuje tyle samo czasu, co wykonanie pracy. Ponieważ w zespole prawie zawsze jest ktoś, kto ma problemy z delegowaniem i bierze na siebie większą odpowie-dzialność, praca w końcu sama się skoryguje, by dorównać temu, co jedna osoba mogłaby wyproduko-wać sama. W rezultacie, aby wyprodukować taką samą pracę - jaką wyprodukowałaby tylko jedna osoba - potrzeba całego zespołu poświęconego temu i dodatkowy czas został poświęcony na koordynację wszystkich tych osób.

Zasada Dilberta

Wspomnimy jeszcze o zasadzie Dilberta, wywodzącej się z tytułowego komiksu Scotta Adamsa (amerykański rysownik, ur. 1957). Według niego niekompetentni pracownicy są natychmiast awansowani i zostają menedżerami, nawet jeśli nigdy nie wykazali się specjalnymi umiejętnościami. Zasada ta jest jeszcze bardziej radykalna niż Zasada Petera, ponieważ zakłada, że świadomie powierzamy funkcje kierownicze niekompetentnym pracownikom, aby nie mogli oni wyrządzić żadnych szkód. Zakłada to oczywiście, że zarządzanie jest zawsze bezużyteczne.

Podobnie możemy przytoczyć popularne powiedzenie, że „ci, którzy potrafią, robią; ci, którzy nie potrafią, uczą”.

Choć nie możemy ich nazwać „modelami” jako takimi - bo nie są naukowe - zasady te wykazują pewną empiryczną odporność na teoretyczne działanie modeli ekonomicznych. Czy powinniśmy zrezygnować z tych modeli - których granice znamy w rzeczywistości - i rozważyć przyznawanie awansów na chybił trafił?

Studia przypadków, w których działa Zasada Petera są liczne i nieistniejące zarazem. Są liczne, ponieważ każdy z nas bez trudu potrafi sobie wyobrazić sytuac_ę, w której awansuje niekompetentny pracownik, rozpoznając wśród swoich kolegów czy przełożonych oznaki opisane przez Petera. Co do stwierdzenia, że faktycznie świadczą one o niekompetencji, to już odrębna kwestia. Dość trudno jest, i większość menedżerów zasobów ludzkich dcbrze o tym wie, zmierzyć wydajność pracownika. Podobnie pracownicy będą często skłonni uznać swojego przełożonego za niekompetentnego, ponieważ łatwiej jest krytykować innych niż brać na siebie odpowiedzialność. W większości przypadków literatura przedstawia przypadki, w których twierdzi się o niekompetencji, ale pochodzą one z niewiele więcej niż z wyobraźni zwolenników Zasady Petera. W tym sensie prawdziwe przykłady przypadków nie istnieją.

STUDIUM KATANII

Zamiast opowiadać anegdoty, Alessandro Pluchino, Andrea Rapisarda i Cesare Garofalo w swoim artykule *The Peter Principle Revisited: A Computational Study*, woleli spróbować innego sposobu zmierzenia się z tym modelem w rzeczywistości. Wykorzystali oni komputerową symulację ewolucji struktury piramidy, modyfikując hipotezy dotyczące promocji. Ich artykuł ujawnił zdumiewające wyniki, przynosząc im Ig Nobla w dziedzinie ekonomii, parodię Nagrody Nobla, która nagradza najbardziej niezwykłe badania. Ich badanie jest jednak mimo wszystko bardzo poważne, a dziwaczny charakter wyników wzmacnia myślenie i humorystyczne hipotezy opracowane przez Petera.

Definicja fikcyjnej organizacji

W związku z tym, opracowali wykorzystując w tym celu specjalny program komputerowy (wykorzystując Netlogo, język programowania specjalnie zaprojektowany do sprzyjającej symulacji wieloagentowej w celu testowania różnych aspektów teorii gier) fikcyjną organizację składającą się z sześciu poziomów hierarchicznych (zawierających odpowiednio 81, 41, 21, 11, 5 i 1 agentów). Każdy agent jest charakteryzowany przez wiek od 18 do 60 lat i poziom umiejętności od 1 do 10.

Na początku symulacji wiek i poziom umiejętności są ustalane losowo na podstawie opisanego powyżej rozkładu statystycznego.

 **ROZKŁAD STATYSTYCZNY „NORMALNY**

Rozkład statystyczny gwarantuje duże prawdopodobieństwo wyników zbliżonych do przeciętnych - arbitralnie ustawionych na wykresie na 0 - i coraz mniejsze prawdopodobieństwo, gdy staramy się uzyskać wynik oddalający się od góry lub dołu. Przyjęło się zakładać, że jest to forma przypadku, która najlepiej opisuje rzeczywistość dużych próbek, a z definicji znajdujemy znacznie więcej zdarzeń przeciętnych niż wyjątkowych.

Symulacja

Po ustaleniu sytuacji inicjalnej można rozpocząć symulację. W każdej rundzie gry wiek agentów wzrasta. Każdy agent, który osiągnie 60 lat znika, a luki są wypełniane przez awansowanie agentów z niższych poziomów. Luki na najniższym poziomie uzupełniane są poprzez dodanie nowych agentów, których wiek i umiejętrości ustalane są losowo.

Gdy agent zmienia poziom, zmieniają się również jego kompetencje zgodnie z dwoma testowanymi hipotezami:

- **Hipoteza Petera.** Nowy poziom kompetencji jest całkowicie przypadkowy.

- **Hipoteza zdroworozsądkowa.** Nowy poziom kompetencji wykazuje maksymalnie 10% wzrost lub spadek w stosunku do poprzedniego poziomu.

W obu przypadkach konieczne jest zmierzenie ogólnej wydajności systemu będącem odzwierciedleniem średniej wydajności wszystkich szczebli. Należy pamiętać, że im bardziej pracownik wspina się po szczeblach drabiny, tym bardziej powinna wzrastać jego indywidualna wydajność.

Oczywiście pytanie, przed którym stanęli badacze, jest tym samym, które stoi przed każdym menedżerem: kto powinien awansować? Dla każdej hipotezy badacze przetestowali trzy rodzaje awansu:

- promowanie najlepszego pracownika;

- promowanie najbardziej niekompetentnego pracownika;

- promowanie pracownika wybranego na drodze losowej.

Wyniki

Bardzo szybko wydajność systemu osiągnęła punkt równowagi.

Zgodnie ze zdroworozsądkową hipotezą, nie ma tu prawdziwej niespodzianki. Dobre wyniki ogólne uzyskuje się, gdy awansują najlepsi ludzie, a słabe wyniki ogólne, gdy awansują ludzie niekompetentni. Losowy awans nie ma większego wpływu na ogólną wydajność.

Z drugiej strony, jeśli przeanalizujemy hipotezę Petera, zaskakujący wniosek - będący przeciwieństwem tego, co znaleźli włoscy badacze nagrodzeni Ig Noblem - jest jasny: musimy promować niekompetentnych pracowników. Rzeczywiście, jeśli przeniesiemy słabego pracownika na wyższy poziom, istnieje duża szansa, że zastąpi go ktoś lepszy od niego, przy czym większość agentów jest przeciętna. Na dodatek wyniki kiepskich pracowników zostaną „odtworzone", losowane ponownie, poprzez jego ponowne przeniesienie, z dużą szansą na uzyskanie po raz kolejny przeciętnego wyniku. A jeśli szansa zaowocuje złym wynikiem, to i tak przejdzie do kolejnej rundy. Zatem promowanie najbardziej niekompetentnych pracowników jest logicznym wnioskiem w hipotezie Petera. Wówczas, podobnie jak w przypadku hipotezy zdroworozsądkowej, przypadek pozostaje neutralny.

Jeśli chodzi o promowanie najlepszych pracowników, działa ono dokładnie tak, jak opisał to Peter: napędza każdego do jego poziomu niekompetencji, czyniąc ogólną wydajność wadliwą.

Wniosek

Zatem albo Peter ma rację i możemy doradzać menedżerom jedynie promowanie najgorszych pracowników, albo przyjmujemy, że kompetencje na wyższym poziomie są prostą odmianą kompetencji na niższych poziomach i preferowanym rozwiązaniem pozostaje promowanie najlepszych pracowników.

PORADY

Ogólnie rzecz biorąc, Peter podchodzi do problemu w sposób zbyt statyczny i uproszczony. Dlaczego kompetencje na danym stanowisku mają być traktowane jako stałe? Jeżeli funkcjonujący system zarządzania zasobami ludzkimi jest skuteczny, to po regulacyjnych miernikach efektywności powinny nastąpić rozmowy z urzędnikami i szkolenia pracowników w celu zwiększenia efektywności ich pracy.

Oczywiście wiąże się to z kilkoma wadami:

• Po pierwsze, potrzebujemy odpowiednich kluczowych wskaźników efektywności, które pozwolą nam określić jakość pracy w sposób jak najbardziej obiektywny. W przypadku sprzedawcy wystarczyłoby np. proste zmierzenie liczby potencjalnych klientów, którzy weszli do sklepu (coraz więcej sklepów instaluje w tym celu czujniki), kwoty zebranej przez sprzedawcę i relacji między nimi. Obliczanie wydajności jest jednak bardziej ryzykowne, gdy chodzi o mierzenie jakości pracy wykonywanej przez urzędnika czy pracownika biurowego. Sam Peter, mówiąc o niekompetencji, sprawia wrażenie, że opiera się ona bardziej na powszechnym odczuciu niż na konkretnych wskaźnikach.

- Po drugie, skuteczny system kadrowy i szkolenia są trudniejsze do wdrożenia i bardziej kosztowne niż zwykłe mierzenie wydajności pracowników i bezpośrednie promowanie odpowiedniego pracownika na podstawie dotychczasowych doświadczeń.

Niezależnie od tego, czy hipoteza Petera jest prawdziwa, czy nie, menedżerowie mogą rozpatrywać hierarchię na dwa przeciwstawne sposoby:

- jeśli każda funkcja i związane z nią umiejętności są jasno zdefiniowane, znacznie prościej jest wdrożyć kluczowe wskaźniki efektywności i oszacować wyniki;

- jeżeli natomiast celowo pozostawia się określoną niepewność co do zadań, które każdy pracownik musi wykonać, to znacznie łatwiej jest zwolnić pracownika z części obowiązków, do których nie ma kompetencji, co jednak ma znaczący wpływ na wydajność.

Co więcej, możliwe jest uczynienie pracowników bardziej mobilnymi poprzez usunięcie efektu zapadki. Demotywacje są bardziej powszechne, niż wydaje się wierzyć Peter.

Kiedy hipoteza Petera nie jest spełniona

Jeśli hipoteza Petera nie zostanie zweryfikowana, wówczas w pełni skuteczny będzie system zdroworozsądkowy - polegający na promowaniu najlepszych pracowników - zazwyczaj tworzony przez organizacje. Ma on podwójną zaletę: motywuje pracowników, by starali się osiągać lepsze wyniki w nadziei na awans, oszczędzając organizacji pieniędzy na szkoleniach, ponieważ sami dołożą wszelkich starań, by zdobyć poziom umiejętności wymagany na wyższym stanowisku.

Kiedy hipoteza Petera jest prawdziwa

Z pewnością znacznie bardziej problematyczna jest sytuacja, gdy hipoteza Petera okaże się prawdziwa. Jeśli awansuje się najbardziej niekompetentnych pracowników, należy to robić dyskretnie ze względu na ryzyko demotywacji pozostałych pracowników. Należy również skupić się na bodźcach finansowych i powstrzymać się od wykorzystywania systemu awansów jako nagrody.

Taki sposób rozpatrywania i udzielania awansów ma swoje ograniczenia, gdyż generuje znaczne koszty dla organizacji i nie wyłania osoby najlepiej nadającej się na dane stanowisko.

Wreszcie, jeśli hipoteza Petera odpowiada rzeczywistości organizacji, a efekt zapadki jest tak stały, jak uważa, jedynym realnym rozwiązaniem jest jak najbardziej efektywne wspieranie pracowników poprzez mierzenie potrzebnych umiejętności, motywowanie ich i szkolenie. Kosztuje to organizację znacznie więcej, niż gdyby jedyna konkurencja doświadczana między pracownikami sprawiała, że byli oni kompetentni na wszystkich szczeblach hierarchii.

PODSUMOWANIE

- Zasada opracowana przez Laurence'a _. Petera i Raymonda Hulla pojawia się w satyrycznym dziele zatytułowanym *The Peter Principle* z 1969 roku, czyli z czasów, gdy przedsiębiorstwa, stojąc w obliczu stabilnego i zdrowego ekonomicznie otoczenia, ukierunkowały się na wzrost i rozwój swojej struktury, a więc nieuchronnie zarządzały promocjami.

- Zasada ta opiera się na następującej hipotezie: wszystkie organizacje promują kompetertnych pracowników do momentu, gdy osiągną oni stanowisko, na którym nie mogą się kompetentnie realizować i z którego nie można ich usunąć; organizacja zmierza zatem w kierunku powszechnej niekompetencji.

- Wkład leży głównie po stronie menedżerów, którzy muszą wiedzieć, jak zarządzać ruchami swoich pracowników, aby poprawić ogólne wyniki swojej organizacji. W tym celu powinni zadbać o rozwój umiejętności i inteligencji zbiorowej, porieważ nikt nie jest doskonały, ale zespół może być.

- Hipotezy modelu wywołują kontrowersje, zwłaszcza hipoteza, która określa, że umiejętności wymagane na nowym stanowisku nie są zależne od umiejętności zaobserwowanych na poprzednim starowisku.

- Inne prawa, w tym Prawo Parkinsona dotyczące naturalnej tendencji organizacji do ostatecznego stania się nieefektywnymi, skłaniają się w tym samym kierunku co Zasada Petera.

- Wskazówki:

  o jeśli hipoteza Petera się nie sprawdza, zdaj się na zdrowy rozsądek i promuj najlepszych pracowników;

  o jeśli hipoteza Petera jest prawdziwa:

    ‣ promuj najgorszych pracowników, nie dając tego po sobie poznać;

    ‣ zapewniaj bodźce finansowe bez zmiany roli pracowników;

    ‣ obserwuj każdego pracownika z osobna i wykonuj ruchy w obrębie tego samego poziomu hierarchii.

PRZECZYTAJ RÓWNIEŻ

BIBLIOGRAFIA

Blary, J-L. (1999) Le principe de Peter. *Lettre d'ACELI.* Tom 36.

Delahaye, J-P. (2011) Le principe de Peter. *Pour la science.* Tom 407, s. 82-87.

Peter, L. J. i Hull, R. (2011) *Le Principe de Peter ou pourquoi tout va toujours mal.* [wydanie drugie]. Paris: Librairie Générale Française.

Pluchino, A., Rapisarda, A. i Garofalo, C. (2010) The Peter Principle Revisited: A Computational Study. *Physica A: Statistical Mechanics and its Applications.* 3(389), pp. 467-472. [Online]. [Dostęp 18 lipca 2014]. Dostępny w: < http://arxiv.org/pdf/0907.0455v3.pdf>.

DODATKOWE ŹRÓDŁA

Strona internetowa poświęcona *Dilbertowi* autorstwa Scotta Adamsa: http://www.dilbert.com/

Chcemy usłyszeć od Ciebie, co się dzieje!
Zostaw komentarz na temat swojej internetowej biblioteki
i podziel się swoimi ulubionymi książkami w mediach społecznościowych!

Master ISBN : 9782808066372
Papierowy ISBN : 9782808069021
Depozyt prawny: D/2022/12603/137

Projekt cyfrowy: Primento - cyfrowy partner wydawców.

MACIERZ WZROSTU BCG

Klucz do zarządzania portfelem

50MINUTES.com

MACIERZ WZROSTU BCG

Klucz do zarządzania portfelem

napisany przez Thomas del Marmol
przetłumaczony przez Kâmil Kowalski

50MINUTES.com